만주만리

실천문학시인선 018

만주만리

2017년 6월 29일 1판 1쇄 인쇄
2017년 7월 10일 1판 1쇄 펴냄

지은이 정철훈
펴낸이 정소성
편집 이연희
디자인 윤려하
관리·영업 이승순

펴낸곳 (주)실천문학
등록 10-1221호(1995.10.26)
주소 서울특별시 성북구 보문로 82-3, 801호(보문동 4가, 통광빌딩)
전화 322-2161~5
팩스 322-2166
홈페이지 www.silcheon.com

ISBN 978-89-392-3007-1 (14810)

이 도서의 국립중앙도서관 출판시도서목록(CIP)은 e-CIP홈페이지(http://www.nl.go.kr/ecip)와 국가자료공동목록시스템(http://www.nl.go.kr/kolisnet)에서 이용하실 수 있습니다.
(CIP제어번호:CIP2017)

실천문학 시인선 018

만주만리

정철훈 시집

실천문학사

차례

제1부

제2부

제3부

제4부

제1부

심오한 허공

만주로 떠나며

중국 옌지(延吉)로 떠나기 전날
본가에 들러 상자에 넣어둔 옛 사진을 꺼내본다
지난해 홀로 되신 어머니가 노래교실에 가고 없는
아버지의 빈 방

광주교대 부속 초등학교 운동장에서
풍선들은 하늘로 올라가고
친구들과 함께 뜀박질하던 나는 허공에 떠있다

오십 년도 더 된 세월인데
사진 속 나는 여태 땅에 내려오지 않고
신발 밑으로 운동장의 반짝이는 모래알이 정지화면처럼
한꺼번에 솟구쳐 있다

이 정밀한 긴장의 한 순간
깜박 나를 잊어버린 허공에서의 정지

사진 속 허공은 지금 내가 숨 쉬는 허공과 맞물려 있고
나는 한 번도 원하는 땅을 밟을 수 없었다
허공은 나의 운명

허공으로 솟구친 모래알들이
남북으로 흩어진 가족들의 한숨에서
뿜어져 나온 것만 같다

이렇게라도 말하지 않으면
나를 설명할 길이 없다

만들어지자마자 두 동강이로 찢어진
국가의 신체가 허공에 뜬 채
여태 내려오지 않고 있다

불타버린 유전자 지도를 손에 쥔 채
어디로 낙하해야 할지

판단은 여전히 유보되고 있다

어디에 착지해야할지
개념이 생기지 않는 허공

나에게는 분단과 단절이 넘치도록 있다는 것
그 과잉과 잉여로 몸서리치는 동안
내 아버지들은 땅에 묻혔으며
끈은 끊어지고 말았다

끊어져 있다는 것
심연은 여기서 부터다

나의 심연은 허공이고
허공은 지상에 바늘 하나 꽂을 데 없는
나의 유일한 땅이다

옌지(延吉) 행

1952년 평양 백부가 모스크바 동생에게 보낸
편지 속에서 발견된 주소
-중국 송강성 밀산현 흑태 대성촌
그나마 송강성은 흑룡강성으로 이름이 바뀌었다

전쟁 때 평양에서 피난 간 백모가 살았다는 주소
오매불망 64년이 지났으니 주소지를 찾아간다 해도
남아 있는 건 없을 것이다
그런데도 가고 있다
달랑 주소 하나만 들고

기내 방송이 흘러나온다
-탑승하신 CZ6074편은 옌지로 가는 중국남방항공입니다

옌지는 나의 전위
전위는 실패함으로서 성공한다는 역설을 알고 있지만

멋진 실패마저 내겐 사치스러운 것이다

기내 방송의 낯선 중국가요가 현악기 선율에 실려
'이 멋진' '이 멋진'하면서 이륙을 조롱하는 것만 같다

활주로를 미끄러지는 기체가 심하게 흔들린다
좌석 벨트를 단단히 조인다
옆 좌석이 비어있다
내가 탑승한 남방항공 뿐 아니라
내 옆자리는 늘 비어 있었다

앞좌석 등받이엔 '지린(吉林) 따미(大米)'라는 광고 문구
심상의 번역으로 풀어보자면
길림성의 쌀밥을 먹고 세속의 순례를
계속하라는 계시 같다
보이지 않는 것을 보라는 계시

오후 2시 46분
창가에 붙어 구름에게 말을 붙인다
구름아, 네가 신기루가 아니듯 내 찾아가는 주소도
신기루가 아니길
누군가 사람이 살고 누추한 가옥이라도 남아있기를

유리창에 흑태(黑台)라고 한자로 써본다
그러자 어떤 말소리가 들려오는 것만 같다
서른 살 젊디젊은 백모가 피난지 어디서
쌀을 씻으며 중얼거리는 말

-손님이 오시려나
 오늘은 쌀을 더 안쳐야 되갔어

기내 스크린에서는 미국 서부에서 금속탐지기로 총알을 찾는
다큐가 방영되고 있다

총알 뿐 아니라 옛 병사들의 군복에서 떨어진 단추와 견장들

탄피엔 1910년이라는 제조년도가 적혀있고
단추의 무늬로 소속 부대 식별이 가능하단다
나 역시 미지의 주소를 찾아가는
금속탐지기의 심정이 되고 만다

그 심정을 흔들어대는 터뷸런스
시간을 털어내려는 현기증이 몰려오고
남과 북을 벗어나
어느덧 옌지 상공이다

내성적 아침

옌벤대(延邊大) 담장 너머 장마당 구경에 나선 새벽
밤새 비가 내렸는지 군데군데 물웅덩이다

비가 와도 장마당은 어김없다
호박, 두부, 오이, 미꾸라지, 붕어, 자반고등어, 육고기
길거리 좌판에 있을 건 다 있다

사진을 찍고 싶지만 참는다
그들의 일상적 아침에 옥에 티가 되고 싶지 않다

나는 세수도 안한 조선족 사내가 되어
슬리퍼를 딱딱 끌면서 간다
아침 찬거리라도 사러 온 공처가 마냥
좌판을 기웃거리며

이런 장마당이 평양에도 의주에도 원산에도 있을 것이다
그저 플라스틱 함지를 이고 나와

길 양 옆으로 갈라 앉으면 그게 장마당이었다
그러자니 좌판 사이를 스쳐가는 내가 있고
좌판 사이에 쪼그리고 앉은 내가 있다

나도 팔려가고 싶다
누군가의 가정으로, 부엌으로, 입 속으로
함지 속 거위 알 사이로 스며들고 싶다

골목 끝 눈에 띄는 간판
-상사두 꽃집(相思頭 鮮花)
꽃집 이름이 저토록 일품이라니
상사화(相思花) 한 아름을 북으로 부치고 싶다

슬리퍼 끄는 박자에 맞춰 헤아려보니
평북 이디쯤 실고 있나는 사촌누이는
올해 회갑이다
누이도 아침 장마당에 나섰는지 모른다

누이여, 한 번도 만난 적 없는 누이여
-우리는 같은 것을 보고 있구려
딱 한 줄 써서
우표에 침을 잔뜩 발라 붙이고 싶다
봉투 같은 건 필요 없다
누가 봐도 상관없는 엽서 한 장

함지 안 붕어 비늘에도, 옥수수 노란 씨알에도
누이의 눈이 붙어 있는 것 같다
적당히 번지기 시작한 눈가의 잔주름

우체국은 아직 문을 열지 않고
애꿎은 장맛비만 떨어진다
비는 소식이라는데
누이여, 이 비를 맞지 말기요

장마당에 딱딱 소리를 내며

슬리퍼를 끌고 가는 내성적 아침

내 손이면서 내 손이 아닌

무단장(牧丹江) 가는 버스 안
조선족 아낙이 노래를 부른다
듣자니 아리랑이다

옆자리 아낙은 잘한다, 잘한다,
추임새를 넣고
버스가 멈추면 노래도 멈추고
버스가 움직이면 노래도 계속된다

옌지(延吉)-왕칭(汪淸) 구간
아낙은 앉은 채 두 손을 뻗어 어깨춤을 춘다
뒤에서 보니 집게손 같다
저 손으로 인생을 붙들고 내리막길까지 왔을 터

소리는 나만 듣는 게 아니다
이슬에 젖은 가로수는 이파리 귀를 반짝이고
옥수수 밭을 가로지르는 전봇대는

하얀 척추를 곧추 세운다

왕칭 지나 소리는 잦아들고
운전수 혼자 눈을 비비며 가는 길
비닐에 싸온 방울토마토가 손잡이에 매달려
그네를 타는 이 길의 끝은 북-중 국경이다

나와 눈이 마주친 중국 아이가
좌석 안으로 숨는다
가끔 칭얼대던 네댓 살 까까머리

1952년 초여름
백모도 저런 까까머리를 들쳐 업고
둥베이(東北)로 피난을 갔을 터

평양에서 의주까지
의주에서 압록 건너 통화(通和)까지

통화에서 다시 미산(密山) 언저리 헤이타이(黑台)까지
반은 걷고 반은 탔을지라도
도합 1000킬로미터다

헤이타이는 내 심상 지도에서 가장 먼 땅
그 까까머리가 살아있다면 올해 칠순이고
한 번 찢어진 가슴은 나이를 먹지 않는다

열세 살 손위지만 형이라고 부르고 싶지 않다
그가 늙었다는 걸 믿고 싶고 않다
그는 여전히 옛 주소지에 살던
네댓 살 까까머리이다

버스에서 내리다가 중국 아이의 까까머리에
가만히 손을 대 본다
아이야, 나이 같은 건 먹지 마라
이건 내 손이면서 내 손이 아니란다

머나먼 헤이타이(黑台)

헤이타이(黑台)는 아직 멀다
120킬로를 남겨 놓고 어둑해진다
옌지에서 버스 두 번 갈아타고 9시간
여기는 헤이타이 못 미친 지시(鷄西)

닭과 서쪽의 단어조합을 나는 모르고
지시(鷄西)가 있으니 지둥(鷄東)도 있겠거니
닭이 있으니 사람도 있겠거니
내 안의 적막을 헤집어본다

나는 어디에서 났을까 하는 적막을
막 문을 열고 들어간 역전 객잔의 끝 방
407호에서 만난다
형광등 하나가 눈이 시리도록 깜박인다

침대에 누워 생각한다
불을 끌까 말까

깜박인다는 건 그나마 반쯤 눈을 뜬 것이니
끄지 않는다
끄면 당도할 수 없을 것 같다

고장 난 형광등, 고장 난 시간, 고장 난 나일지언정
스위치를 내릴 수 없다
내가 꺼질 것 같다
내 안의 적막을 다독이며 모로 누운
지시(鷄西)에서의 하룻밤

미산(密山) 행 객차

새벽 5시 50분 발 지시(鷄西)-미산(密山) 객차 안
세 번째 정거장인 헤이타이(黑台)에서 내려야 하므로
눈이 감기지 않는다

객차 안은 30도를 웃돈다
통로에 꽉 들어찬 입석 승객들
땀으로 흥건한 얼굴이 이십 센티 앞에 있다
입 냄새가 섞이고 맨발의 악취가 실내를 떠돌지만
아무도 짜증을 내지 않는다

참는다
눌러 참지 않고 그냥 참는다
살아간다는 것의 평균을 아는 표정들이다

턱을 괸 채 창밖을 응시하던 옆 좌석 사내는
찻잔받침대 아래로 기어가는 파리를 손으로 받아
다시 받침대 위로 올려놓는다

파리도 더위를 먹었는지 날아가지 않는다

파리 한 번 보고 창밖 한 번 보고
파리와 희롱하며 가는 사내에게서
부처의 여러 상 가운데 하나가 읽혀진다

건너편 사내는 라면을 끓여 먹은 냄비를
화장실에서 씻어온다
간이 나쁜 지 까맣게 탄 얼굴이 오래 살지는 못할 상(相)인데
비닐봉지에 절임오이며 화장지며
젓가락을 챙겨 넣는 품새가 간절하다

앞자리 연인은 출발 때부터 잡은 손을 놓지 않는다
남자는 좌석에 앉고 여자는 남자의 무릎에 앉고
여자가 남자의 머리를 매만지며 간다
손으로 벌이는 애정행각도 평균

여자가 남자의 이마에 슬쩍 입술을 댄다
적극적인 손이며 적극적인 입술도 평균이다

파리와의 희롱과 비닐봉지의 살림과 살을 맞댄 애정행각이
기차바퀴를 굴리고 있다
객차는 천천히 북동쪽으로 미끄러져가고
이 광경을 60여 년 전 헤이타이로 피난 가던
백모와 어린 아들도 보았을 것이다

내가 기차에서 본 손은 백모가 본 손이고
백모는 내 안에서 두 번 살고 있다

대성촌 노큰마니

헤이타이(黑台)는 미산(密山) 못 미처 작은 읍내
역에서 내리자 러시아 풍 옛 역사(驛舍)가 버티고 있다
해방 맞은 조선족들이 토비(土匪)와 다시 전쟁을 치른 곳
시간은 일러 아침 6시 반이다

읍내 허름한 조찬집에서 중국어 단어를 얻어 배운다
두부(豆腐)는 또우푸, 죽(粥)은 조우
어린 사촌 형도 이렇게 발음하며 아침을 먹었을 터
그 발음에 내 어눌한 발음을 얹혀본다

변소가 따로 없어 뒷골목 진창에 소변을 본다
오줌줄기는 가뭄 끝 수도꼭지처럼 나오다말고
그나마 두어 방울은 바지를 적신다
오줌 몇 방울에 비해 나라고 할 만한 게 없다

행인을 붙들고 대성촌 위치를 물어본다
손짓으로 가리키는 철길 건너편

걷기엔 먼 동네다

오토바이를 개조한 삼륜택시는 속도가 나지 않고
생각 같아서는 중간에 내려 걷고 싶다
철길 건너 탁 트이는 시야
길 양편에 네모반듯한 논이 대평원처럼 펼쳐져 있다
이정표에 적힌 '금옥미업(金玉米業) 직기지(直基地)'

운전수에게 물어보니 조선족이 경작하는 알곡생산지란다
대성촌이 조선족촌이라는 사실에 안도감이 밀려온다
5분을 더 달려 삼륜택시는 대성촌 입구에 정차하고
오전 7시에 어느 집 대문을 두드려야 하나

멀리 사라지는 택시를 쳐다보며 난감해 할 때
개량주택 현관의 수염을 선 넌 처사와 눈을 마주치다
-어데서 왔수까
-서울서 왔어요

-나도 일주일 전에 서울에서 왔디요

5년 전부터 한국에서 돈을 벌다
친정에 다니러 왔다는 처자
-오래 전 이 마을에 백모가 살았다는데
마을노인들을 만날 수 있을까요
처자는 노인회관으로 앞장을 선다

이른 아침인데도 회관 앞엔 노인 두 어 명
처자가 말을 붙이지만 노인은 고개를 가로젓고
처자는 다시 앞장을 선다

두어 마장 떨어진 개량주택
파란 추리닝 차림의 노큰마니가 문을 따준다
중국 땅에 남편도 묻고 자식도 묻었다는 노큰마니

부엌엔 손때 번들번들한 무쇠 솥 세 개

무쇠 솥이 집안에 모신 작은 무덤 같다

옳거니, 무쇠 솥아

널 만나러 내가 예까지 왔구나

1952년 여름의 옥수수 밭

노큰마니의 손을 맞잡고 묻는다
-조선전쟁 때 피난 온 조선 사람이 있었다지요
-귀가 잘 안들려서리
-북조선에서 피난 온 사람들이 있었다지요

순간 두 눈을 휘둥그레 뜨는 노큰마니
-있었디, 내 열여덟 살 때 그 사람들이 왔었댔디
그때는 우리 시아바지가 마을일을 보았댔는데
그 사람들을 맞아들이고 그 사람들하고 사진까지 찍었댔디
그 사진들이 혹시 남아 있는지 모르디

안으로 들어가 사진 한 뭉치를 가지고 나온 노큰마니
온돌 마룻장 위에서 한 장 한 장 넘겨본다
-없디, 찾아도 없디
몇 년 전 사진 정리를 하면서 불태워 버렸댔디
-시아버지 성함은?

-김창각이디
-혹시 임옥순이라고 기억납니까?
-옥순이라고?

노큰마니는 잊그제 일처럼 고개를 주억거리다가

-내 기억하디
생각나고 말고
키가 껑충하게 커서 아이를 업으면 구부정하게
등이 앞으로 기울어지던 옥순 언니 말이디
그때는 내가 대성촌으로 시집 온 해인디
백오십 호가 모여 살았댔디
지금은 다들 돈 벌러 도시로 나가고 한국으로 가고
노인들 밖에 남지 않았디만

그때 그 사람들은 어찌 이 마을까지 피난을 왔나요

-이 근방 조선인촌에 피난민을 분산시켜 배정했댔디
우리 마을엔 한 20명 정도가 왔더랬디
옥순 언니도 그 중에 끼었댔는디
똑똑한 사람이었디
여기서 간부 일을 봤디
중대장 질을 했디
키고 크고 통솔력이 있어서 지도 일을 봤디
아침이면 대오를 지어 이동하곤 했디
논으로, 옥수수 밭으로
옥순 언니는 내 살던 옛집 바로 앞집에 셋방을 살았디
그때는 모두 이엉 얹은 초가집이었디

-셋방서 살았다면 월세를 내고 살았던가요

-아니디, 거저 살았디
그냥 배정을 해준 게디
중국정부에서도 한 사람 당 매달 오십 위안을 줬디

큰 돈이었디

지금 돈으로 열 배도 넘는 큰 돈이디

주말엔 영양 섭취한다고 마을에서 음식을 해 먹였디

대우를 잘 받았디

그런데 나중에 전쟁 끝난 뒤

조선에 나가 잘못된 사람도 있댔디

사상검토를 해보니

나쁜 가정이 섞여 있었다는 말이 있었디

종파 가정을 조선정부에서 처리했다는 말이 들렸디

-이 마을 말고도 피난민을 배정 받은 마을이 더 있었나요

-있었디

대성 태양 장흥 추광 광식

다섯 개 촌이었디

옛날엔 헤이타이로 들어오는 기차가 하루에 한 번 있었디

그 사람들이 그걸 타고 들어온 거디
한 마을에 다 모을 수 없으니 이십 명씩, 삼십 명씩
마을을 배정하고 한 대대를 이뤄 살게 했디
그때 헤이타이엔 거의 한족이었디

-할마닌 어찌 이 마을에 들어왔는지요
-내레 1934년 함북 회령에서 태어났디
우리 부모가 내 어려서 옌볜 치도우로 이주해 살다가
1945년 1월에 미산 이주민을 뽑는다는 소식을 듣고 들어왔디
우리가 들어올 때는 기차 지붕 위에 앉아 왔디
그때는 전기도 없어서 등잔불을 쓰고 다녔디
기차로 헤이타이에 떨어지니까 뭐 아무 것도 없디
양식은 뽀얗게 분말로 간 옥수수가루였디
차비하고 양식은 이주시킨 쪽에서 책임을 진다고 했댔는디
먹는 게 형편 없었디

이주 와서 우리 아버지는 목수 질을 했디
1월에 떨어졌으니까 어디 간들 다르갔소

-옥순 언니에 대해 더 기억나는 게 있는지요

-딱 남자 같이 일을 봤디
아이 하나를 어디 떼어놓을 데도 없었디
들쳐 업고 다녔디
우리 앞집에 살아서 자주 봤디

-그 집은 남아 있는지요
-다 마사지고 없디만 집터는 남아 있디

노큰마니는 마을 앞 신작로를 얼마쯤 걸어
옛 집 앞에 멈춰선 채 건너편 옥수수 밭을 가리킨다

몸 전체가 푸른색을 띠고 있는 옥수수

나는 옥수수가 그토록 푸른 심연을 가진 식물인지
처음 알았다

그때도 여름이었을 것이다
옥수수 밭 초입에 이엉집이 있었을 테고
이엉집 방 한 칸에 세 들어 살던 모자는
옥수수 수염을 따면서
남녘 가족을 떠올리며 눈시울을 붉혔을 것이다

백모를 본 듯 옥수수 푸른 잎을 만지자
소스라치며 뒤로 물러서는 것만 같다
아무 것도 묻지 말라는 푸른색
아무 말도 하지 않겠다는 푸른색
옥수수는 흙을 움켜쥔 채 흔들리고 있었다

헛강(鶴岡)의 기적소리

헛강(鶴岡) 역전 호텔에서
새벽 2시에 깨어 듣는 기차소리
기차는 울고 있다
5분 간격으로

헤이허(黑河)에서 내려오는 하행선과
무단장(牧丹江)에서 올라오는 상행선의
기차소리는 다르다

여기서는 모든 글자들이 뒤섞여
아무리 눈을 비벼도 읽히지 않는다
백부도 헛강 어디쯤에서 기차소리를 들었을 것이다
어찌 백부뿐이랴

눈 내리는 영하 삼십 도 비산(密山)에서
덮개 없는 트럭에 실려 오백 킬로미터
헤이허까지 가던 옛 독립군들도 이 근방에서

야영을 하며 기차소리를 들었을 것이다

러시아어로 '스바보드니'라고 불리는 자유시 가는 길목
백부도 자유시 참변을 알고 있었을 터
비극이 어떻게 눈을 맞고 꽁꽁 얼어붙는지
시작은 있지만 종결은 없는 비극을 떠올리며
잠을 설쳤을 것이다

시베리아로 가는 학이 쉬어간다는 헛강
백부는 밤새 뒤척인 아침에
학 우는 소리를 들었을 것이다

아침 일찍 버스를 탄다
동북전영제편창 가는 4번 시내버스
백부가 전쟁시보를 편집했다는 곳

버스정류소에 낯선 광고판이 붙어있다

-한식 했던 회관

한식회관도, 한식 하는 회관도 아닌 한식 했던 회관이라니
문법과 시제가 맞지 않는다 해도 엄연한 우리말인 것은
조선인이 살고 있다는 물증일 터

물어물어 찾아간 동북전영은
2년 전 허물어지고
헛강대학생창업기지가 들어서 있다

나는 달에 토끼가 살았던 흔적을
탐사하는 심정이 되고 만다
토끼는 아니더라도
절구와 절구통은 남아 있겠지 하는 심정

밤새 안녕이라는 말이 무섭도록 몸서리처지는
헛상의 기석소리엔 피가 묻어있다

옌지(延吉) 행 침대버스

자무스(佳木斯)~옌지(延吉) 행
침대버스에 오른다
하루 한 번 운행하는 오후 4시 발 침대버스
하루 한 번이라는 희소성의 내부는
버스를 개조해 장판을 깔고
신발을 벗고 올라가는 이층구조다

6열 종대의 침대가 운전석 방향으로 세 줄
한 층에 18명의 승객이 다리를 운전석 쪽으로 뻗은 채
이른 잠을 청하며 누워서 간다

눈을 감으면 36명의 시신을 싣고 가는
영구차가 따로 없다
12시간을 가야하는 버스
영구차라 해도 길동무가 있으니 심심치 않다

여기서는 냄새를 잊어야 숨을 쉴 수 있다

머리맡엔 뒷사람이 벗어놓은 신발주머니
신발로 말할 것 같으면 휴게소에 내렸을 때
화장실 질퍽거리는 오줌소태를 밟고 온 냄새의 왕
냄새의 왕과 겨루지 않으려면 냄새를 잊어야 한다

승객들은 서로 내뿜은 날숨을 다시 들이쉬며
생(生)이라는 강을 건너고 있다
누구는 오이를 씹고 누구는 만두를 씹고
누구는 해바라기 씨를 씹고
호두 한 알이 좁은 통로를 굴러간다

침대버스는 수많은 잠을 거느리며
대륙을 가로 지르고
아무도 얼마나 남았냐고 묻지 않는다
뒤에서 들려오는 중국 계집아이의 잠꼬대
–메이요(沒有), 메이요(沒有)

손가락을 잘라 편지봉투에 넣다

옌볜대 교내 우체국에 들러 편지를 부친다
평남 평성까지 보내는 국제우편
조선민주주의인민공화국이라고 한글로 쓰는데
글자가 잘 만들어지지 않는다
볼펜이 평소처럼 잘 굴러가지 않고
필체도 내 것이 아니다

봉투에 풀칠을 하는데 손가락 하나가 잘려져
봉투 안으로 들어간다
중국인들은 결과라는 단어 대신 후과(後果)라고 쓴다니
보름 남짓이면 후과가 나오겠지

접수창구의 처자가
발신인 신분증을 달라고 한다
-숙소에 두고 왔시오
발음은 어설픈 함경도 억양이었는지
처자는 나를 개관하는 눈치다

-그럼, 내 신분증으로 대신하디요

듣고도 믿기지 않는다
한편으로는 안도감
한편으로는 알 수 없는 처자의 친절
간신히 접수를 마친다

거리로 나오자 시내 쪽에서 폭죽이 터진다
국경일도 아닌데 왠 폭죽?
시내 어딘가 신장개업을 자축하는 폭죽소리지만
내게는 마침내 옌지에 와서
편지를 부쳤다는 축포이다

축포가 옌지의 하늘로 울려 퍼진다
창문까지 떨리는 게 보통 여운이 긴 게 아니다
오랜 체증이 터진 것 같다

2년 전 알마티 백부의 장례식에 갔다가
유품 속에서 발견한 북한 주소
왜 발견과 발굴이 피의 안쪽에서
빈번히 일어나야 하는지

교내식당에 들어가 늦은 점심을 먹는데
우체국 처자의 얼굴이 떠오르고
얼굴에 돋은 여드름이 몇 개인지
알아맞힐 수 있을 것 같다

편지는 내 손을 떠났고
폭죽은 대기를 진동시키고
현기증이 몰려온다

현기증은 나의 몫
진동은 대기의 몫
대기의 흔들림 가운데 내가 있었다

편지는 무사히 도착할 것인가

편지도 땀을 흘릴 것이다

베이다(北大) 광장에서

베이다(北大)광장은 조선족이 많이 산다는
옌지 베이다시장 근방에 있다

옌지조선족학교 풍물패가
부산민예총 풍물패와 합동 공연을 펼치는 오후 3시
장보러 나온 조선족들이 광장 주변에 운집한다

장구소리는 광장으로 흩어지고
소리는 듣는 이의 심금에 따라 시간 여행을 한다

소리는 잔디밭 조선족 할배들의 깊은 주름살로 스미고
양산을 펴든 아낙들의 함박웃음으로 스미고
막 걸음마를 뗀 아이의 꽃신으로 스미고
오전에 부친 편지 속으로도 스민다

빙글빙글 돌아가는 상모꾼의 휘모리 장단에
빨려들어 혼절할 것 같다

한 순간, 광장의 모든 게 정지한다
상모도, 장구도, 꽹과리도 멈추고
장구 치는 학동의 이마에서 흐르던 땀도 멈춰있다

사드(THAAD) 문제로 경북 성주에 간 총리가
달걀세례를 받았다는데
베이다시장 좌판의 달걀꾸러미에서
누이의 얼굴을 본 것도 같다

-누이, 저는 누이보다 세 살 연하지요
어머니가 나를 낳은 광주 서석동의 여름을
다시 만나는 베이다광장

나의 요람은
광주에도 옌지에도
누이가 산다는 평성에도 있다

다시 상모가 돌아가고 장구와 꽹과리는 울어대기 시작했다

비 내리는 통화(通化)

통화에서 비를 맞는다
한 달 가뭄이라는 중국 동북지방
버스 운전수는 단비에 젖는 차창 안 운전석에서
스마트 폰 게임을 하고 있다
요즘 유행하는 전지게임

나는 안다
그가 보고 있는 건 전쟁게임이고
내가 보고 있는 건 한국전쟁이라는 것을
북으로 간 큰어머니가 갓난아이를 들쳐 업고
피난 간 곳이 중국 땅 통화였다

평양에서 통화까지
절반은 소달구지를 타고 절반은 걸어서
큰 아이는 이불 봇짐을 짊어졌을 것이나

나는 어깨에 떨어지는 빗줄기에게 묻는다

북한피난민수용소가 어디쯤 있었냐고
빗물은 떨어져 통강으로 흘러가건만
내 질문은 처마 아래에 구멍을 만들며
한 방울도 흐르지 않는다

호텔 귀가 시간이 늦었다며
운전수가 눌러대는 경적소리가 대포소리 같다
포장도로는 까맣게 젖어들고
헤드라이트는 밤길을 밝히는데
나는 질문을 남겨두고 떠나온다

중국인 운전수의 죽은 아버지가
북한피난민수용소에서 경비를 섰을 것만 같다
통화 건너 북한 땅 고산진에도 가보았을 것이다

묻지 않으리라
귀신에게 물어 무슨 대답을 들으리

방금 어깨를 적신 빗줄기를 그 대답이라고 믿으며
나는 통강을 건넌다

내 안의 어떤 전령을 과거로도 미래로도 보낼 수 있으나
그 전령을 회수해 그가 본 것을 전해들을 수 없다는 것을
나는 안다
감회에 젖어 공연히 부산을 떨 뿐
과거는 바꿀 수 없다

그래도 바꾸고 싶다
그때만 해도 남북 어디에 경계선이 그어질지
앞으로 생겨날 시체들이 어디에 묻힐지 아무도 몰랐다
통화의 소나기에선 죽음의 냄새가 난다

큰어머니와 그 식솔들의 퇴적물에서 기화한
먹구름이 통화의 하늘을 뒤덮고 있는 한
죽은 자와 마찬가지로 오늘은 나도 그림자가 없다

통화는 내 고토
숙소에 돌아와 뜬 눈으로 밤을 샌 것은
어찌할 수 없이 어찌할 수 없이
내 백골이 비 오는 거리로 빠져나가 헤매고 다닌 까닭이다

아무리 헤매고 다녀도 백골엔 새 살이 돋지 않고
무의식의 글자들만 발효되고 있었다
내 죄가 아니지만 내 죄인 것 같은 통화

어머니가 남녘에서 나를 해산하기 직전
삼신할미는 내 손에 압록강 너머
통화의 흙을 쥐게 했던 거다
탄생 직전의 손은 고무와 같아서
전생이라고 부르는 과거의 어느 시점까지 늘어나기도 한다

남북으로 뿔뿔이 흩어진 가족의 이마를 짚으러 태어난 아이
내 태어나기 전부터 배가 고팠던 귀신들
와서 얼마든지 뜯어먹어라
이건 나의 말이고 삼신할미의 말이다

난 뼈도 약하고 살점도 없었다
귀신에게 나는 먹을 게 없는 아기였다
혹은 귀신이 깨물다 남은 상처투성이
나의 내력은 이러한 것이다

제2부

북창(北窓)

아버지,
왜 북창에 비스듬히 얼굴을 돌린 채
숨을 거두셨나요

북창이 아버지의 임종을 지켰으니
이제부터 아들은 제가 아니라
북창입니다

아버지,
제가 외로울까봐 북창이라는 형제를
맺어주고 가셨나요
아버지가 숨을 거둔 요양병원 창가를
올려다 봅니다

모든 건 우연이었습니다
아버지도 저도
삶도 죽음도

손자의 손바닥에 제 이름과 손자의 이름을
한자로 또박또박 써주신 손바닥 문자가
유언이었나요
이름 석 자의 유언

이 모든 우연이라는 건축물 위로
구름이 떠갑니다
아버지라는 구름 말이죠

멋진 세상

아무도 아버지의 임종을 지키지 못했다
요양원 입원 다음날 새벽
당직 간호사가 숨진 아버지를 발견했을 뿐

전날 저녁 아버지는 요양원 새 침상에 누워
북쪽 창가를 바라보았고
나는 그런 아버지를 바라보았다
두 바라봄을 바라보는 제 3의 눈

요양원에 가지 않겠다던 아버지의
반쯤 풀린 눈에서 내가 읽은 건 체념이었다
일종의 임종으로서의 체념
그건 너무나 조용해 9층 창가가 가장 높은 하늘 같았다
살아서는 집에 돌아가지 못한다는 체념

나는 불귀(不歸)라는 단어에 한동안 붙들려 있었다
–돌아오지 않음

아버지의 형제들은 돌아오지 않았으니까

나 역시 돌아오지 않음이 타당하다고 생각했다
쥐뿔도 모르면서
글줄이나 읽었다고
전쟁 세대의 운명을 제멋대로 개관했다
불귀는 누구나 직면하는 최후의 상황이라고

이 완강한 허무주의자 아들의 흔들리는 눈동자를
아버지는 북쪽 창가를 바라보는 척 다 읽었던 것이며
마침내 시간에서 벗어날 준비를 하고 있었던 것이다

새벽에 울리는 불길한 전화를 받고 달려갔을 때
아버지의 표정은 화평했다
다시 까매지기 시작한 긴 눈썹이며 대리석처럼 빛나는 머리며
웃는 듯 굳게 닫힌 입술이며

체온은 살아있는 듯 따스했다

아버지와 나는 세 가지의 우연이 겹치고 있다
20세기 한국에서 태어났다는 것
삶이라는 전쟁에 종군했다는 것
누군가의 아버지가 되었다는 것

그러나 아버지가 나에게 주고 가신 건
이 세 가지 우연을 초월한 체념의 데드 마스크였다

不歸-돌아오지 않음
돌아오지 않음으로서 비로소 돌아옴

나는 윤회를 믿지 않지만
아버지가 어느 은하계 다른 별의 한적한 마을에서
아침 꾀꼬리 소리에 다시 태어났다고 믿는다

세상을 놓는 방식의 골목길

지난겨울 아침
우연히 접어든 골목길에
경찰차의 파란 경광등이 번쩍이고 있었다
서리 내린 길바닥에 변사체가
거적때기로 덮여있었다
나는 죽음이 내게 옮겨 붙을까봐
게걸음으로 골목길을 빠져나왔다
그렇다한들 빠져나왔다는 건 틀린 말이다
다음 주에 아버지가 숨을 거두셨다
장례를 치른 후 셋째는 매일 터져 나오는 통곡 때문에
횡경막이 찢어졌고 막내는 흐르는 눈물 때문에
휴지통을 끼고 산다고 했다
며칠 뒤 가보았다
골목길은 언제 그런 일이 있었냐는 듯 적막했다
변사체가 있던 자리엔 하얀 선이 둘러져 있었다
증축 중인 단독주택은 외벽 공사를 마쳤고
신축 빌라엔 이삿짐이 올라가고 있었다

새로 이사 온 사람이 누군지 궁금한 그 순간
내 안으로 이사 온 아버지가 느껴졌다
아버지만이 아니었다
아버지의 형제들과 아버지의 아버지와
아버지의 아버지의 아버지도 중절모를 벗어들고
내 가난한 방 안에 들어와 있었다
내 안으로 이사 온 아버지들은
식량을 축내지도 잠자리를 달라고도 하지 않았다
다만 허공 하나씩을 차지하고 있을 뿐
나는 아버지들로 붐비는
내 궁핍한 방을 좋아하게 되었다

알마티 사말 33번지의 밤

잠은 오지 않고
어디선가 고양이 울음소리가 간헐적으로 들리는
알마티 사말 33번지의 밤
발코니에 나가 밖을 내려다보니
웬 카자흐 노인이 음식물 쓰레기를 버린 후
벤치에 앉아 담배를 빼 문다

세계 어디에서나 노인들은 도둑고양이처럼
밤중에만 쓰레기 봉지를 들고 움직인다
알마티로 떠나오기 전날 밤에도
음식물 쓰레기를 비닐에 담아 든 이웃집 노인을
엘리베이터에서 만났었다

검정비닐도 아니고
하필 투명이어서 힐끗 보니
먹다남은 밥에 콩나물에
김치 서껀으로 젖은 비닐은 축 처져 있었다

나 역시 위장 속에 비슷한 음식물을 담은 채
다섯 시간을 날아 알마티에 도착했으며
어느새 날은 어둑해져
지금은 배고픈 고양이들이 출몰하는 이국의 시간

내일은 백부의 묘지에
문상을 갈 예정이지만
백부의 위장 속
마지막 음식이 어느 정도 부패했는지 궁금하다

백부의 위장은
그가 떠돌았던 국가의 숫자만큼이나
이국적인 음식물을 소화시키느라
평생 수고를 했을 것이니
죽음이란 지상에서 혹사시킨 위장 하나를
땅 속으로 끌고 가는 일일 것이다

언젠가 고국을 찾았을 때
밥 상 위에 놓인 김을 집어 들며 백부는 말했다
-이 김이 돌아가신 어머니로군
카자흐엔 김이 나질 않으니
음식이 고향일세 그려

반세기 만의 귀향치고는 신파였지만
이제 고인이 된 마당에
백부의 죽음은 음식과 무관해 보이지 않는다
먹는 음식이 아니라 고독이라는 음식

쓰레기통을 뒤져 어느 정도 배가 불렀을 고양이가
음식이 아니라 외로움 때문에 울고 있다면
백부가 집어든 건 단순히 김이 아니라
백 년 동안의 고독이었을 터
지금은 땅에 묻힌 백부의 위장이 궁금하고
알마티의 밤이 거대한 위장 속 같다

뚜께에 기대어

카자흐스탄 알마티에서 큰아버지의
유품을 정리하다가 발견한 편지 뭉치
겉봉마다 짧은 메모가 적혀있다
자세히 보니 아버지의 필체

밤이 깊도록 편지를 읽고 있자니
파란 눈의 사촌누이 야나가 다가와 말한다
-작은 아버지가 아버지와 다투셨어요
  당장 한국으로 돌아가겠다며 고함을 질렀는데
  우린 영문을 몰라 답답했지요

짚이는 게 있었다
상봉 이듬해인 1990년 1월 알마티의 형을 찾아간
아버지는 큰아버지가 건네준 편지뭉치를 꺼내보다가
울화가 치밀었던 것이다

그건 평양의 맏형에게서 온 편지 뭉치

모스크바 유학 중 정치 망명을 한 둘째 형 때문에
만형이 북한에서 숙청된 게 틀림없다며
아버지는 큰아버지를 원망했던 것이다

상봉이 재회의 기쁨이라는 인생 2막의 드라마라면
상봉 이후는 막간 뒤에 감춰진 인생 3막의 리얼리티가 충돌하는
막다른 골목이다

편지를 읽지 않는 게 나을 뻔했다
잃어버린 역사는 잃어버린 채로 흘러가는 게 정석일지 모른다
상봉이 몰고 온 시간의 역류에 발목을 잡혀 허우적거리는 게 싫다
몰락은 더 치열한 몰락이어야 한다

아버지는 혀에 독을 바른 채 뼈아픈 질문을 했을 것이고

큰아버지는 아무 대답도 할 수 없었던 것이다
그날 이후 큰아버지는 편지 뭉치를 감춰버렸고
귀국한 아버지는 편지의 존재에 대해 입을 다물었다

가끔 편지가 날개를 달고
다시 평양으로 날아가는 것을 상상해본다
편지는 발신인에게 귀속되는 게 옳다
그날은 오게 되어 있으니
편지뭉치와 다툴 필요가 없다

역사가 의지대로 씌여지지 않듯
지금은 가만히 이 무의지의 축제를 즐기면 되는 것이다
야나의 말처럼
우리는 인터내셔널 패밀리이니까

코민테른의 실패는 역사적 사실이지만
평양-알마티-서울을 잇는 인터내셔널 패밀리는

여전히 성업 중이다
야나의 딸 엘리나가 프랑스 남자와 결혼해
뚜께를 낳지 않았던가
사진 속에서 아장아장 걷고 있는 샤를 벤자민 뚜께

나는 더 이상 묻지 않았다
야나에겐 뚜께가 있고
투케는 나의 뚜께이기도 하니까

상자에 편지뭉치를 담으며 생각했다
전사(前史)에 발목 잡힐 이유가 없다
편지에 적힌 세계의 표면이 무엇이든
이 재현의 문법은 나에게 어울리지 않는
헐렁한 옷일 뿐이라고

그러면서도 쓰고 있다
쓰면 쓸수록 감춰져버리는 세계의 표면을

어느 무정부주의자를 위한 만가(輓歌)

최국인 선생을 추모하며

나는 어쩌다 여러 명의 아버지를 두게 되었으니
한 조각 친아버지는 왕국의 남쪽에서 나를 낳았고
나머지 한 조각 큰아버지는 중앙아 알마티에서
나를 호출하였다

호출은 너무 늦어 내 나이 서른 셋
예수가 골고다의 십자가에서 매달리던 나이에
새삼 무얼 증명하기 위해 나를 호출했던 것도 아니었다

내게 남겨진 건 깨진 반달의 파열된 두 단면과
피로 얼룩진 균열, 그리고 소리 없는 아우성
나는 조각을 맞추는 시늉만 했을 뿐

두 아버지는 두 해 걸러 세상을 등졌으니
내 귀는 찢어지는 이명으로 아려온다
한 쪽 귀는 아버지의 흐느낌
다른 귀는 큰아버지의 마른 울음

나는 두 아버지의 뇌수가 섞인 해골바가지를
벌컥대는 꿈을 꾼다
아무도 그 맛에 대해 묻지 않았지만
그 맛에 대해 써야한다는 강박에 시달린다

쓴다는 것은 저주에 가깝다
저주는 나의 증상
아무리 고개를 가로저어도 떨쳐낼 수 없다

가로저었기 때문일까
2015년 4월 중부의 유품을 정리하기 위해
카자흐스탄 알마티에 들렀을 때
또 다른 부음을 들려왔다
나를 콕 찍어 기다렸다는 듯
저승사자가 내 신발소리를 들었다는 듯

장례식장에 도착했으나 영안실을 찾을 수 없어

카자흐인 수위에게 더듬거리며 묻는다
-저 계단을 내려가 왼쪽으로 꺾어지면 골목길 끝에 있소
카자흐 억양에 러시아어를 앉힌 외국어의 균열이
대낮인데도 한 자락 싸늘함으로 변해 대기에 섞여들었다

영안실 앞에 추모객들이 모여 있었고
나는 발을 곧추 세워 넘겨다보았다
멀리 관에 담긴 망자의 깡마른 얼굴이 눈에 들어왔다
내가 목례를 하자 망자는 한 마리 굶주린 포유류처럼
벌떡 일어나는 것 같았다

그를 처음 만난 건 삭풍 몰아치던 1991년 2월
저녁 어스름이었다

-택시를 대절시켜놓았으니 어서 나오시오
인터폰에서 웅웅대던 그 목소리
눈보라 때문에 잘 들리지 않는 목소리는

내실까지 밀려와 흩어졌고
나는 허둥지둥 구두를 꺾어 신고 밖으로 나갔다

현관 앞에서 기다리고 있던 그는
무너진 갱도에서 구출된 광부 같았다
휑하게 들어간 눈두덩에 툭 튀어나온 광대뼈
그는 퀭한 눈빛으로 나를 훑어보았다
눈에서 튀어나온 말이 아프게 속을 후벼 팠다
-날 따라나서지 않으면 백부 이야기를
영영 들을 수 없을게요

그는 엉거주춤 서 있는 나를 다짜고짜
대절택시에 밀어 넣었다
그때 진눈깨비가 떨어졌고 나는 차라리
진눈깨비가 되어 그의 외투자락 안에서 녹고 싶었다

그날 메데오 산정 식당에서 들은 이야기를

나는 오랫동안 괄호 안에 묶고 자물쇠를 채워버렸다
딱 이 대목

난 1926년 함경도 청진 태생
남들은 나를 테러리스트라고 부르디
1934년 부모를 따라 만주로 이주해 중학교를 졸업하고
중국 팔로군에 입대해 일본군과 싸울 때는
솜털도 채 벗어지지 않은 십대의 홍안이었디

해방 후 조선의용군 일원으로 북한 땅에 들어가
평양국립영화촬영소의 배우로 입단했디
국립영화촬영소 연출부장이 영화감독인 당신의 백부였디
내레 당신의 백부 밑에서 조감독 일을 보았디
그러다 전쟁이 터지고 인천상륙작전으로 전세는 기울자
평양은 함락 위기에 처했디

전선의 통제기능은 마비되었고 촬영소장 주인규는

지프차를 타고 줄행랑을 치고 그때는 어느 땐가 하면
당신의 백부가 전쟁시보필름을 현상하느라
중국 장춘영화촬영소에 가 있던 시기디

나는 당신의 백부가 목숨처럼 아끼던
영화촬영기자재를 후송해야 했디
트럭을 구할 길 없어 우마차 여러 대를 수소문해
영화촬영자재를 싣고 퇴각 길에 올랐디

촬영기자재만이 아니었디
백부의 식솔인 부인과 두 아들까지 태우고
평양에서 중국 땅이 건너다보이는 고산진까지
미군 폭격기가 네이팜탄을 터뜨리고 있었디

했디, 였디, 되었디, 그랬디……
'디'자로 끝나는 지리멸렬한 과거사를 들으며
내 가슴에 찍힌 것은 우마차 뒤에 남겨진 바퀴자국과

우마차 위에서 오슬오슬 떨었을
어린 사촌 형들의 새파란 입술이었다

이야기를 들어달라며 보드카 병의
목을 비틀던 테러리스트
그에게 필요한 건 이야기의 고도(高度)였다
그의 전쟁은 아직 끝나지 않았고
지금은 하관 직전

그는 독립투사도, 영웅도 아니었다
이데올로기의 틈새에서 부대끼던 무국적자
카자흐스탄 영화감독이자 고려극장 배우였던 사람

그가 거추장스런 육신을 떨치고 떠났다
이야기는 어디로 사라지는가
관에 담긴 이야기는 어떻게 듣는가

사막의 바람이여
내 얼굴에 모래를 날려다오
내 혈관에 모래의 피를 수혈해다오

그리하여 나는 살아있다
모래 날리는 알마티의 사막 묘지에
우마차에 아이들을 태우고 평양에서 퇴각하던
백모의 피난길에
진눈깨비 떨어지는 메데오 산정 식당의
다 식어버린 스프 속에
관에 담긴 차가운 시체 속에

이별의 마일리지

친구 부인상을 알리는 부고에 접한 아침. 문득 마일리지라는 단어가 떠오른 건 내 마일리지를 썼으면 좋겠다는 아내의 말 때문이 아니라 항공사가 마일리지를 산정하는 계산 방식만큼이나 복잡하게 누적된 정서의 문제라는 생각 때문이다.

대학 졸업을 앞둔 어느 날 기왕이면 무역회사에 취직해 오대양 육대륙을 누비면 원도 한도 없겠다는 아버지의 말이 첫 번째 누적일 게다. 연좌제 때문에 환갑 무렵까지 해외에 나가지 못한 아버지. 여권을 만든 게 해외여행자유화 이후요, 서너 차례 국외를 다녀온 아버지의 마일리지는 임종 뒤 영생을 얻는 나라에 갈 때 사용하셨을 게다.

그걸 전부 갖다 쓰려고? 한마디 했다가 아침도 못 얻어먹고 나온 현관 앞에 빗방울이 후둑인다. 그것도 배웅이라고. 나는 어디에 가서 하루를 보낼까. 빗방울에게 얼굴을 치켜들고 너는 누구의 마일리지로 예까지 온 거냐고 묻는 아침이다.

아버지의 말대로 오대양 육대륙은 아니지만 얼추 삼십 개 나라, 사대양 오대륙은 오간 것 같다. 참 번다하게도 살았다 싶다. 이별이 일상화된다는 게 마일리지의 의미일 게다. 모두들 떠나고 나면 음식물찌꺼기와 빨래가 말라가는 것을 혼자 바라보아야 한다는 것. 나는 나대로 아내는 아내대로 내압이 터지기 일보 직전. 상대방에게 벗어나고 싶을 때 수증기처럼 증발하는 여행의 방식이 마일리지였다.

요즘은 부고가 너무 많아 이별이라는 게 점점 무의미해진다. 친구 부인의 부고까지 왔으니 내 차례의 이별도 멀리 있지 않다. 그러던 차에 마일리지였다. 그거라도 갖다 쓸 수 있으니 다행이라고, 다 떠나보내고 한 사흘 잠이나 실컷 자보라고 빗방울은 후둑인다.

견공(犬公)이라는 당신

사람의 나이로 따져 백 살은 족히 넘었을
당신이 비 오는 날 짖어대고 있다
털은 듬성듬성 빠지고 이빨은 한 개도 없다
사료에 물을 부어 말랑말랑하게 녹여주면
허겁지겁 혀부터 내민다
휘청거리는 걸음이며
백내장을 앓고 있는 퀭한 눈이며
아무리 짖어도 소리는
제 키를 넘지 못한다
비가 오면 관절염이 도지는 게 딱 인간이다
하루 종일 구석에 웅크린 채
나 대신 하루치의 울음을 다 울어주는 당신
내가 귀가했을 때조차 기척도 없이 웅크리고 있는
당신을 보면 이미 죽어 있는 것 같다
당신이 죽어있길 가끔 바라기도 한다
죽으면 화장을 할 것이냐
매장을 할 것이냐

지난한 장례를 입에 올릴 때면
아직 죽지 않은 당신이
죽은 만큼 그리워지기도 한다
아직 살아있음을 확인하듯 가끔
컹컹 짖어대는 백발의 당신
아무리 짖어도 소리는
제 키를 넘지 못한다

냉동육이 녹는 동안

냉동육 두어 근을 사들고 고향 가는 길
추석이 다가왔으니 벌초 값이나 부치라고
전화를 건 오촌형님은 고추밭에 가고 없고
대문 앞을 서성이다가 마주친 아흔넷
육촌 누님이 내 손을 부여잡는다
-어젯밤 꿈에 보이더니
이렇게 얼굴을 보는구나
한사코 손을 놓지 않고
산에 올라 성묘를 하는 동안에도
온통 냉동육 생각뿐
이걸 어쩌나
차안에서 냉동육이 녹고 있는데
무릎 꿇은 잔디 위에 핏물이 번지는 것 같다
이걸 어쩌나
쇠고기 두어 근을 더 끊었어야 했는데
귀신이 누님에게 일러주었을 것이다
내가 핏물을 뚝뚝 흘리며 찾아올 거라고

나이 들수록 부쩍 말수가 줄어드는 건
슬픔을 냉동시키는 기술과 상관관계가 있을 게다
아버지도 내 나이 즈음 말이 없으셨다
다만 나를 바라보는 눈가에서 이런 말이 들려왔다
 -너도 외롭겠구나
산을 내려오며 생각한다
녹고 있는 건 냉동육이 아닐 거라고
그건 붉은 색에 가까운 울음일 거라고

빨강 머리 나타샤의 노래

알마티 큰어머니의 부고를 듣고
가만히 이름을 불러본다

나탈리야 클리모치키나 야코브예브나!
야곱의 딸이라는 부칭(父稱)의 긴 이름
그녀는 빨강 머리 나타샤로 불렸다

톈산이 보이는 저물녘 창가에 등지고 서 있으면
빨강 머리가 신비스런 실루엣 속으로 잠시
사라졌다 다시 나타나던 것을 기억한다

나는 또 천 개의 눈동자가 매달린 것 같은
석양의 부엌 쪽 창가에서 들려주던
그녀의 목소리를 기억한다

동양에서 온 내 큰아버지를 만나 결혼한 사연과
모스크바에 사는 사촌 여동생의 이름도 나타샤이며

훗날 모스크바 핵물리연구소에서 근무하던 제부가
망명자 출신 동서 때문에 직장을 잃는 바람에
한동안 연락을 끊고 살았다고 들려줄 때

알 수 없는 슬픔으로 빨강 머리가 더 붉어지던 것과
그 빨강 머리에서 톈산의 목동이 부르는 저녁 휘파람보다
더 애처로운 노래가 들려오던 것을 기억한다

사랑이란 부서진 마음에서 오는 것이며
그 마음이 동양에서 온 또 다른 부서진 마음을
껴안아주었다는 나타샤의 노래를

백 년만의 출분(出奔)

뼈를 물어가려는 개에게 쫓기며 답함

내가 본 게 이미지인지
현실인지 모르겠다
백년 된 증조부의 묵묘를 파헤쳤을 때
흙속에 묻혀 있는 그것을
보고도 모르겠다

까맣게 변한 대여섯 자루의 뼈가 출토되자
흙으로 돌아가지 못한 그것을 향해
물 많은 자리라며 인부들은 혀를 찼고
나는 발목이 시큰거렸다
때는 차일피일 수술을 미룬 채
부러진 발목을 끌고 고향 선산에 내려간 참이었다

증조부의 첫째 부인 허 씨는 손이 없어
둘째 부인 송 씨로부터 아들 셋에 딸 다섯을 얻었으니
나는 송 씨의 몸에서 시작된 가계의 일원

허 씨 부인은 거의 육탈이 되어
뼈 한 조각 출토되지 않았다
산고를 겪지 않은 몸은 육탈이 쉽다는 것인지
자식 여덟을 생산한 송 씨 부인의 뼈 대여섯 점은
관 뚜껑이 부식된 까만 흙 밑에서 출토되었다

송판 위에 증조부와 두 부인의 뼈가 나란히 놓이자
먼 친척뻘 지관의 음성이 들려왔다
-개가 물어갈지 모르니 잘 지켜야한다
그 말로 인해 얼씬도 하지 않았던 동네 개들이
선산을 향해 달려오고 있는 것 같았다

실은 개가 물어갈 리 없다
그 순간, 참관을 하던 모든 일가친척들이 입에
뼈를 물고 있었다
아니, 그들이 물고 있는 건
막 그들 자신의 몸속에서 꺼낸 뼈처럼 보였다

그건 어떤 지엄함도 아니었다
그들은 뼈를 물고서라도 위로받고 싶었을 것이다

그러나 과연 뼈라니
내가 궁금한 건 송 씨 부인이 낳은
다섯 명의 여식(女息)이었다

순창댁, 곡성댁, 목포댁, 담양댁으로 불린
그들의 후손과 나는 멀지 않은 친척임에도
그들이 눈앞에 나타난다한들 알아볼 수 없다는 건
희극에 가깝다

보이지 않는 혈통이 참일지 모른다
타인이 되어버린 익명의 그들
백 년도 안 되어 딸자식은 이제 족보에도 없는
타인이 되었다

날은 좋아 죽은 사람도 살아 돌아올 것 같은 봄날
내가 본 것은 이를 악문 채 부활을 참고 있는
부패한 흙이었고 검은 침묵이었다

그리고 또 하나의 출토가 불분명한 미혹의 공간
지금 목포 신항 부두에 올려진 세월호 선체 내부는
진흙으로 가득 차 있고 미수습자들의 뼈들은
마지막 인내심으로 부식을 견디고 있다

갈색의 진흙은 아주 힘센 신처럼 느껴진다
가이아와 포세이돈이 서로 밀고 당기며
압착을 계속하는 지구의 표층은
영원히 철 들지 않을 것이다

진흙이 인간이 도달할 수 있는 궁극이라면
승천이라는 말은 하늘에도
진흙의 땅이 있다는 의미일 게다

지금은 수풀들의 그림자가 길어진 오후
나는 그만 떠나야 한다
상경하는 기차를 타기 위해
진흙의 삶을 반죽하기 위해

그렇게 나는 여기에 있다
백 년 동안의 매몰과 삼 년 동안의
해저에서의 방치 사이에

하산을 서두르는 내 발걸음은
두 번의 전쟁을 동시에 치른 듯 휘청거리고
호주머니에서는 마른 진흙이 자꾸 흘러내렸다

제3부

근황

여기는 햇볕 한 점 들지 않는 실내라오. 오늘 내가 유난히 바삭거림에 대해 생각하는 것은 손이며 얼굴이 얼구워질 만큼 추운 실내 때문만은 아니라오. 한 장 무릎 담요를 덮은 채 영하의 온도를 견디며 앉아 있는 이 냉혹한 삶의 포즈가 상념의 회로를 작동시킨다는 게 아이티 대지진 후 난민아이들의 양식이 되었다는 진흙쿠키였다오. 뜨거운 햇살로 구워져 바삭거리는 진흙쿠키 말이오. 바삭거린다는 건 외형이 아니라 내면의 상태일 터. 주변의 모든 정서적 습기를 빨아들일 준비가 되어 있다는 민감함이 전에 없던 바삭거림이라오. 조금이라도 습기가 공급되지 않으면 갑자기 타오르고 마는 과민성 신경쇠약증 말이오. 바삭거림은 언제라도 자신을 태울 수 있는 불꽃을 가진 성냥과 같소. 아무도 나의 안부를 묻지 않는다 해도 오늘 나의 성취는 이 신경증적 강박에 의한 바삭거림의 획득에 있소. 내 안에서 낙엽 한 장 말라가는 소리가 들려오오. 그 낙엽도 외부에서 온 게 아니라 오래 전부터 내 안에 매달려 있었던 잎이었을 뿐. 바깥의 소리를 듣는데 할애한 한 시대가 끝나자 한 장 뒹구는 낙엽처럼 내가 무한

한 바삭거림이 되었다는 것. 모든 뉴스가 하루 밤 사이에 낡아버린다 해도 오늘 나의 뉴스는 바삭거림의 영원성이라오. 배신당한 남자의 괴로움을 담은 광기의 노래로서의 바삭거림. 인생의 고비마다 거기서 생긴 손실 따위를 곱씹는 후회로서의 바삭거림. 바삭거림이 사람의 정신을 고양시킨다는 말 따위를 나는 믿지 않소. 다만 바삭거림은 내가 나를 견딜 수 있을 만큼 나를 비어있게 하오. 여기는 삼십년 근속 직장을 나와 다시 갓 구워져 바삭거리는 인간 쿠키가 하얀 김을 뿜어대는 영하의 실내라오.

참 쉽지요

한 달에 두 건만 해오세요. 처음이라 어색하시겠지만 어디 가서 재취업 상담을 하고 한 달에 명함 두 장만 받아 오세요. 상담자 명함을 받아 여백에 날짜를 적어 제출하면 재취업 격려금이 나갑니다. 어때요, 참 쉽지요. 단, 주의할 게 있어요. 보름에 한 건씩, 한 달에 두 건 명함을 받아 오랬더니 어떤 분들은 요 앞 식당에 가서 점심을 먹고 카운터에 있는 명함을 집어 와서는 취업 상담을 했다고 강짜를 부리는 거예요. 취업 상담이 허위로 드러나면 범칙금을 물어야 하니 주의하세요. 우리가 일일이 전화를 걸어보거든요. 단, 석 달 뒤부터는 한 달에 세 건, 넉 달 뒤에는 한 달에 네 건, 그러니까 일주일에 한 건씩 상담을 받아야 해요. 현역에 있을 때 받은 명함이 있을 거 아니에요. 거기에 전화를 거세요. 상담은 했으되 조건이 맞지 않아 채용은 하지 않았다고 대답하라고 부탁을 하세요. 수치심만 내려놓으면 됩니다. 어때요, 참 쉽지요.

명함

현역 때 받은 명함을 모조리 꺼내 보았다. 천 장도 넘었다. 신문사, 출판사, 문화재단, 언론재단, 잡지사, 연구소, 문화예술위원회, 갤러리, 박물관에 문화관광부 국장이며 차관이며 국회위원에 청와대 비서관까지. 손가락이 아리도록 넘기고 또 넘겼지만 만만한 데가 없었다. 그 중 한 장을 뽑아들고 전화를 걸었다. 출판사 사장 왈, 까짓것 그럽시다. 까짓것이라는 말이 오래도록 귀에 맴돌았다. 고맙다는 말을 세 번이나 하고 전화를 끊어도 끊어지지 않았다. 까짓것과 그럽시다 사이에 생략된 게 뭘까. 비가 내릴 것처럼 밖이 갑자기 어두워진다. 문득 영화 '블루 벨벳'의 마지막 대사 '세상은 이상한 곳이야'가 떠올랐다. 엔딩 장면은 화면 가득히 클로즈업되는 나뭇가지 위의 파랑새였다. 파랑새는 진짜가 아니었다. 조잡한 인형이었다. 감독이 끝에 가서 인형을 쓰다니. 그러고 보니 나무도 가짜였던 것 같다. 영화는 옥에 티를 남기고 찜찜하게 끝났다. 바로 그 장면, 재취업상담을 하겠다고 명함을 꺼내들고 전화를 건 바로 그 장면되시겠다.

누수

파이프가 새는 지 천장이며 벽이 젖어든다고 아래층에서 알려왔다. 이사 온 지 10년 만에 벌써 네 번째. 지은 지 25년 된 낡은 아파트 누수지점을 찾으려고 연락을 한 게 알파누수 최동욱 씨다. 거실 마루에 음향탐지기를 갖다 대던 최 씨 왈, 물은 낮은 곳으로 흐르기 때문에 터진 곳 따로 스미는 곳 따로 인데 대체 새는 소리가 들리지 않으니 바닥을 깔 수밖에요.

대체 어디서 새고 어디로 흘렀단 말인가. 최 씨의 망치질로 흔들리는 건 거실 바닥이 아니라 생활의 바닥. 망치질에 튀어 오른 건 콘크리트 파편이 아니라 내 살아온 살점 같은 것. 그러니까 배관보수공사가 아니라 인생보수공사. 마침내 모습을 드러낸 누수지점. 새는 건 실존의 조건이라는 말이 파이프에서 흘러나오고 있었다.

25년이나 묻혀있던 파이프. 그 안이 얼마나 어둡고 답답했으면 터지고 말았을까. 내 안에도 그런 어떤 것이 묻혀 있는 것이다. 취직을 하고 결혼을 하고 자식을 낳아 일가를 이루며 살아왔지만 여전히 외로운 어떤 것. 내 안의 어떤 것은 터지지도 못한 채 찔끔찔끔 흐느끼고 있을 것이다. 그건 너무 미세한 누수여서 누수의 전말이 밝혀지지 못한다 해도, 더 미세한 것은 확인할 길 없는 내 감정의 누수였다.

그것이 무엇인지 당장 알 수는 없다. 내가 살아온 게 아니라 누군가 내 역할을 연기하고 있다는 느낌. 의식을 초월해 있는 어떤 것. 내 안의 어둠과 하나가 되어 파이프에서 물이 새는 2015년 12월 29일 오후 3시의 무언극. 그건 파이프가 아니었다.

서재 털기

첫 눈이 내렸을 뿐
아무 특별할 것 없는 오후
서재의 책을 모두 끄집어냈다
그날은 책을 처분하는 것으로 시작되었고
별반 글도 쓰고 싶지 않았던 나는
앞으로도 그럴 것이라는 예감이 들었지만
밥 먹기, 하품하기, 이 쑤시기, 짜증내기, 술 마시기 같은
일이 언젠가 중단되고 말 것이기에
글을 쓰지 못하는 게 두렵지 않았다
바닥엔 책들이 흩어져 있고
빈 박스와 테이프가 나뒹굴고 있는
사물들의 음산한 배치 가운데
나 역시 하나의 사물에 불과했으며
나는 가장 어울리지 않는 사물이었다
윤곽이 점점 희미해지는 사물
세 든지 일 년 동안 창문에 방충망을 단 게
내가 한 유일한 결과물이었다

그러니까 벌레로부터의 방어
하지만 누가 벌레이고 누가 나이며
어디가 안이고 어디가 바깥인지
구분할 수 없었다
그러니까 나 자신이 방충망 안에 갇힌
한 마리 벌레였다
평생 책을 파먹고 산 벌레
다시 읽어보니 한때 밑줄 친 문장들은
평범하기 이를 데 없었고
그 옆에 끼적인 메모도 유치했다
그때 느낄 수 있었다
책들도 떠나가고 싶어 한다는 것을

뒷고기

그게 언제냐 하면 꽃샘바람 불던 유성 터미널 뒷골목의 뒷고기집 드럼통에서 돼지콧등고기 2인분을 노릇노릇 구워 먹고 입가심으로 생맥주집에서 500cc에 라면 한 그릇을 나눠먹으면서 라면 한 가닥이 나와 그의 젓가락에 얹혀 낭창거리다가 끊어지는 그 순간 그는 자신이 죽을 날짜를 내게 말했고 그 때문인지 몰라도 점점 짜게 졸아드는 라면국물만 자꾸 들이키던 2016년 2월 25일 오후 5시 언저리

복기하자면 우리는 봄바람에 실려 오는 꽃향기를 맡으며 2017년 6월 17일 차가운 시신이 될 것이라는 그가 예감한 죽음의 날이 맞나 틀리나 맛이나 보려는 듯 연탄불 석쇠에 고깃덩이를 이리저리 굴리며 그의 다비식을 미리 치른 꼴이 되었는데 하필 그와 나는 돼지띠 띠동갑에 출생 일시 또한 같다는 게 신기하기도 해서 이것도 다 팔자소관이며 환풍기에 빨려 들어가는 매캐한 연기를 쳐다보면서 돼지가 돼지를 굽는 오늘은 복 될시어나, 라고 빌어보는 것이었는데

버스표를 끊어준다는 걸 뿌리치고 상경하는 동안 차오르는 오줌보의 내압을 참으며 그가 임종을 맞을 거라는 파옥 국제명상센터 스리랑카 분점의 외딴 방갈로 근처에 필 맨드라미를 떠올리며 그의 푸석거리는 뒷고기 한 점을 씹어볼 요량을 해보는 것이다

학교에 갑시다

당신은 물었지
어젯밤 왜 변기에 귤을 내던지고 손으로 주무르고 했는지
변명 따윈 안 하겠소
쓰러져도 결국 나 자신에게 쓰러지고 만거요
미치광이가 되어

모독을 느꼈다면 용서하시오
나는 나를 모독했을 뿐
몇 번을 고쳐 태어나도 이런 게 인간이라면
난 인간 아니고 싶소

가장 순수한 귤을
가장 더러운 변기에 넣고 주무르는 변태가
나라는 괴물 맞소
미와 추가 함께 있는 모순 자체를
변기에 넣고 싶었던 거요
돌이킬 수 없는 존재의 이중성 말이요

나란 괴물이 당신을 사랑한다는 게 가당키나 한가요
흑흑
당신 없이 어찌 살지

당신의 다섯 명이 나에게 감겨오고
당신의 한 명이 날 끌고 가서 변기에 머리통을 처넣고
당신의 또 다른 한 명은 나를 비웃고
당신은 구석에서 울고 있고
숨을 못 쉬어 입술이 파래진 채로
당신의 다섯 명이
내 목을 조르고 있소

학교에 갑시다
정신병을 고치는 학교라는 간판을 단
정신병이 저절로 도지는 학교에 갑시다

지구의 가을

오랜만에 산책을 했지요
내가 사는 동네가 아니라 남의 동네로
되도록 많은 것을 생각하지 않으면서요

당신과 함께였지요
당신과 함께 라는 느낌을 의식하지 않으려는 산책은
언제나 어렵더군요

우린 새로 단장한 천변을 걸어 재래식 시장통을 두 바퀴 돌다가
들어가고 말았지요
내가 태어나기 전에 지어진 오래된 성당 안으로

경건함을 외양에서 느끼기가 지극히 어려운 시대에
낡은 성당에서 경건함을 읽어냈다는 건
그만큼 나의 내면이 위선과 위악으로 팽창했다는 증거겠지요

성당 입구 수위실에 앉아 있는 사람이
언젠가 회사 계단참에 쪼그리고 앉아
중년의 여자 청소부와 입을 맞추던 남자 청소부를 닮았다는 생각을 했지요

그렇다면 나는 성당의 수위를 모독한 것일까요
하지만 나는 안색이 바뀌었을 뿐
결코 뉘우치지 않는 냉담자인 것이죠

그때가 언제쯤이냐고요
시장통이 전어축제로 번잡했으니 작년 가을일 겁니다
사람들은 저마다 전어부침을 한 가득 입에 넣느라 입술 주위가 붉게 물들었음에도
지구의 가을이 좀 외로워 보이던 그 날이지요

당신과 헤어져 귀가한 밤
내가 키우던 고양이가

잠자리에 든 내 머리에 제 머리를 비비댄 것도 외로움의 표시였지요
고양이는 고양이가 그립고 나는 사람이 그립고
고양이는 내 그리움의 냄새를 맡고 제 그리움을 내 머리에 묻혔던 것이죠

간밤에 고양이만 왔다간 것은 아닐 겁니다
아침에 일어났을 때 눌린 머리카락은 꿈의 항해가 어지러웠다는 게 아니라
꿈에도 중력이 있어 머리카락에 헝클어진 글자를 남겨놓았을 거라는 그런 생각
내가 잠들었을 때 머리맡에 누군가 찾아와 머리카락을 만지작거렸을 거라는
그것은 숭고의 손이었을까요

우리는 산책을 했고 늙은 개가 뒤를 따라왔고
빛바랜 잔디와 잎새를 떨구는 가로수와 야위어가는 햇빛

에 나는 폐결핵 환자처럼 현기증을 느꼈으니까요
우리는 과연 우리의 삶이 지나가면서 내는 향기를 맡을 수 있을까요

당신과 함께 헤어짐이 없는 국경에 가고 싶네요
톈산이 자리한 카자흐 알라타우 국립공원이 그런 곳일 거예요
카자흐 것도 타지크 것도 중국 것도 아닌 위대한 산
세 나라가 국경을 맞대고 있지만 어떤 철망도 쳐지지 않은
그곳이야말로 헤어짐이 없는 국경이라는 생각이 드네요
우리도 그런 국경을 만들 수 있을까요

어떤 답장

멀리 현해탄 건너 일본에서
상세한 자료를 보내주어 감사합니다
문예지에 소개하려고 자료를 부탁한 겁니다

살아 있는 문학인들은 어딘지 풋내가 난다고나 할까요
아직 숨이 붙어 있는 그들의 문장에서는
목숨 냄새가 나 꺼려지곤 합니다
그래서 근대 문학인들을 소개한다는 게
이렇게 인연이 닿았나보군요

정지용과 길진섭이 센베이(煎餠)를 씹어가며
평양을 거쳐 선천과 의주, 그리고 압록강 너머
중국 땅 오룡배까지 밀어붙인 것은
단순히 여행이 아니라 그들의 문학과 예술을
국경 바깥으로 밀어붙였다는 의미가 있지요

이미 죽은 그들이기에 그들의 문장과 소묘는

두 번 다시 써질 수도, 고쳐질 수도 없고
목숨 냄새가 나지 않아 더 목숨답다는 생각이 듭니다

도쿄 무사시대학에서 6월말까지
7월부터 규슈국립대에서 강의한다니 걱정입니다
지진이 휩쓸고 간 규슈에서 말이죠

지진, 그것 참 근질근질한 모양입니다
우리의 발바닥 밑에서 말이죠
인간의 직립도 지진 앞에서는 별무소용이지요

이곳 서울의 날씨도 하늘에 지진이 난 것처럼
어제는 비가 오고 오늘은 황사랍니다
황사가 아니면 봄이 아니라는 듯
그럼 이만 총총

희미함의 불멸

통영을 서너 번쯤 가봤을 겁니다
갔다 와서 늘 아쉬운 건 정작 통영에 가서는
백석이 떠오르지 않았다는 것이죠
내가 좋아하는 시인인데도

스물세 살 백석이 통영여자를 흠모해
마산 선착장에서 배를 타고 도착했다는 부둣가
통영 속에 또 다른 통영이 있는 것도 아닐 텐데
부둣가를 거닐 때조차 생각나지 않았지요

공교롭다고 할까요
곤궁하다고 할까요

서울에 올라와 도루묵찌개를 앞에 두고서야
백석이 떠오르더군요
도루묵 알이 한꺼번에 입안에서 터지는 순간
희미한 것이 골똘함을 이기더군요

태어나지 못할 것들을 그토록 뱃속에 품고 있었다니
사랑이 너무 강해서 희미해진 것이지요

안녕, 도루묵
안녕, 내 사랑

얼마나 외로웠으면 그토록 많은 알을 슬었을까요
그립다는 말의 공리를 넘어
시간의 파도를 넘어

사람도, 사람의 일도 마찬가지겠지요
추억도 지명도 지워지면서 이어지지요
도루묵찌개를 앞에 두고
사랑이 얼마나 빨리 빛을 잃는지
빤히 지켜보고 있답니다

북방

-우리 북방 시 동인이나 해볼까
그렇게 말한 후배는
이용악 연구로 박사학위를 받은 시인인데
그가 말하는 북방과 내가 느끼고 있는
북방이 같긴 할까

내게 북방은 피보다 더 진한 하늘 아래
고향을 몽땅 옮겨다 놓은 이주마을의 컹컹 짖는
개털까지 다 헤아려보고 싶은 곳인데

그가 말하는 북방과
내가 말하는 북방은 다르고
남방도 그럴 것이다

후배는 왜 그런 말을 꺼냈을까
북방 시라는 게 과연 있기나 할까

전화를 끊고 나서도 이런 질문들이
삽살개의 혀처럼 내 얼굴을 핥고 있었다

내 안에 가라앉은 주소

어릴 때 살던 동네에 가보았다
아홉 살 때 상경해 살던 첫 동네
해가 많이 짧아진 연말 어느 날이었다

불광역 4번 출구 앞에서
횡단보도 신호를 한 번 놓치고 서 있을 때
건너편에서 집채만 한 파도가 나를 삼킬 듯
아주 가까이……

다음날 동사무소에 가서
주민등록초본을 떼어보고
입이 다물어지지 않았다
무려 열다섯 번의 이사라니

내 살아온 것은
그 많은 주소를 잊는 일에 가까웠고
내 안에 가라앉은 주소들이

내겐 가장 먼 곳이었다

나는 예술을 잘 모르지만
인지를 붙이고 도장을 찍는
앳된 행정직의 손놀림이 예술이었고
내겐 유랑을 계속한다는 게
예술이었다

빗방울은 개별적이군

장대비 오시는 날 우산 받쳐 들고
산장 막걸리 집으로 행차
어라, 장대비는 즉흥광시곡이군
흔히 비가 미친 듯 쏟아진다고들 말하지만
비는 미친 게 아니지

비는 먹구름이 내려오는 사다리
빗방울 하나하나가 이렇게도 개별적이군
빗소리가 육자배기로군
그런데 주인장은 왜 두부를 누르다말고
다른 천막으로 건너간다지

빗줄기에 휴대전화 목소리는 들릴락 말락
주인장의 입 모양을 보니 틀림없이 즐겁군
숨겨둔 애인과 통화라도 하는지
아내는 아는지 모르는지 배추를 다듬는군
휴대전화와 배추는 부부라는 이름에 새겨진

불가피한 상처

이게 다 각본 없는 즉흥극
살아있는 것들의 살아있음
연출자는 장대비 혹은
이해되기 전에 존재하는 것들

이럴 때 구름이 전수한 것은 하강의 기술
아궁이 가마솥은 훈김을 뿜으며
구름의 음악을 만들고
하나의 구름에서 이 많은 개별적 빗방울이라니
장대비는 오늘의 상투성을 전복하는 구원투수로군

모독

54년 말띠 사내의 얼굴 살이 내리고 있었다
며칠 안 본 사이 눈은 퀭하고 피부는 축 처져 있었다
IMF 위기 때 환율 폭탄을 맞아 사업은 망하고
아파트를 급매로 내놓은 지 십여 년

요즘 강남에선 강북을 북한이라고 부른다고 분통을 터트리는 사내
재정부장관의 사진을 칼로 그어버리고 싶다는 사내
국가의 그늘이 사람을 잡아먹는 걸 빤히 바라보고 있었다

베이비붐 세대의 제1열에서 죽을 둥 살 둥 앞만 보고 달려온 사내
윤기 자르르한 경주마에서 하루아침에 수레도 끌지 못하는 비루먹은 신세
밤마다 치기 떨려 아침이면 아구가 뻐근하다는 사내
가을은 가을이어서 막걸리집 앞 노랑은행잎이 아름답지 않냐고 했더니

썩은 오줌냄새만 나는 헛것이라고 독기를 뿜어대는 사내

지난 대선 때 찍은 투표용지를 돈이라도 주고 되찾아오고 싶다며 울분을 삭히느라 살이 내리고 있었다
뼈가 녹고 형체 없는 마음도 녹아내린다는 사내의 말에 티끌만큼의 과장도 섞여 있지 않았다

며칠 전 찾아간 직업소개소에서 완도 어디쯤 가두리 양식장 잡부밖에 써줄 데가 없다는 말을 듣고 키가 한 뼘이나 줄어든 사내
은행나무 위로 눈이라도 쏟아질 듯 하늘은 잔뜩 흐려져 있고
동해물과 백두산이 마르고 닳도록……

지루하게 흘러가는 4분의 4박자 애국가를 바꿔서라도 이 슬픈 사내를 춤추게 할 곡조는 없을까
걸을 때마다 말굽 모양의 증오를 찍어대는 사내의 울분을

삭힐 노래는 없을까

이용악의 하늘은 새하얀 눈송이를 낳은 뒤 은어의 향수처럼 푸르렀다는데
애초에 동해물과 백두산이 마르고 닳도록 어쩌고 하는 애국가의 첫 소절에서부터 무슨 전조가 있었던 것은 아닌가라고 시비를 걸어보고 싶은 날이다

내가 구멍이다

화동들 뛰노는 학교 담장 옆에 글방을 얻고 나서 들키고 만다
주머니 속 꼬깃꼬깃한 천 원짜리 한 장
촉감으로는 돈도 아니고 한 장도 아니고 그냥 설움이다
아침부터 목이 말랐다
생수를 사려고 구멍가게에 들어섰다
주인장이 실눈을 떠 나를 살폈다
나는 냉장고 안 생수병을 쳐다보며 가격이 궁금하다
작은 것, 큰 것 둘 다 꺼내들고 주인에게 묻는다
-이건 얼마고 이건 얼마요?
-작은 건 칠백 원, 큰 건 천이백 원
난 천 원짜리 생수는 없냐고 묻는다
-있기야 있소, 용기(用器) 물렁물렁한 것
고것 참 다행이다 싶어 얼른
용기 물렁물렁한 생수를 꺼내들고 천 원을 내민다
주인장의 실눈이 입으로 내려온다
그게 내 주머니 사정을 개관하는 실눈이어서

나는 말을 하고 만다

-그냥 나오다보니 주머니에 천 원밖에 없어서 헤헤

내가 헤헤거렸는지 분명치 않다

말을 하고 나니 후회감이 몰려온다

말없이 나올 길

궁색을 변명이라고 털어놓다니

반바지 아래 털이 숭숭한 종아리까지 궁색하다

아침부터 구멍가게에서 흘려버린 내가 나를 따라온다.

천 원에 팔아버린 건 자존심이 아니다

목마른 입이다

목구멍이다

내가 구멍이다

블랙홀이다

천 원짜리 몰렁물렁한 목곰이다

기갈이라도 면할 양이면

태양아, 빨리 져버려라

시신을 두고 밥을 먹는다는 것

4월 20일 오후 4시까지 50구였다
그러던 것이 저녁을 먹고
사무실로 들어온 오후 7시
'56번째 시신'이라는 기사가
인터넷을 도배하고 있었다
내가 밥을 먹는 동안 시신은 올라오고
그것도 6구가 올라오고
나는 밥과 반찬 맛이 아직 가시지 않은
입속의 혀를 속절없이 빨아대며
침을 삼키고 있었다
시신은 304구여야 한다
라는 명제와 함께
인양작업을 하는 민간인 잠수사와
그걸 생중계 화면으로 지켜보는
수많은 시선들의 한숨과
실종자 가족들의 울음이
입안에서 씹히고 있었다

앞으로 찾아야할 시신은 몇 구?
숫자가 없어졌으면 좋겠다
그러면서도 세고 있다
입안에 들어간 밥알의 숫자를
맹골수도에 가라앉은 시신의 숫자를

촛불의 강

문명의 발상지 가운데
유프라테스 강이 있다고 배웠다
사막을 가로지르는 성스러운 강

그곳에 가본 것만 같다
촛불을 들고 광화문에 갔다가
왕들의 이름이 새겨진 표석을 밟으며

생몰이 적혀 있었고 촛농이 떨어져 있었다

탄핵 김장을 담그며

촛불집회에 갔다 온 다음날 아침 김장을 하다가
무채를 치고 갓을 썰고 고춧가루를 붓다말고
올해는 탄핵김치가 되겠네, 라는 말이 불쑥 튀어나왔다

올 김장은 돈이 없어 생새우도 생략했다는
아내의 말을 듣고 더 서럽던 참에
탄핵이라는 말이 절인배추 속으로 녹아드는 게 보였다

주말마다 광장에 나가 탄핵과 하야를 외친 게 벌써 여덟 번
어느 한 순간 청산이라는 말이 아득히 들려왔다
어릴 적 목욕탕에 갔을 때 열탕에 들어앉은 동네 어른이
눈을 감고 뽑아대던 처~엉~산

그때는 그이가 일제도, 육이오도, 보도연맹도 다 통과해
가까스로 살아남은 자임을 미처 몰랐다
욕탕에 앉은 그대로 녹아버리고 싶다는 처~엉~산

이게 끝이면 좋겠다는 처~엉~산

그때는 욕탕에서 목을 내놓고 실록을 썼다면
지금은 광장에서 촛불을 들고 실록을 쓴다

그 청산이 청산리 벽계수의 청산(青山)이었다 해도
내게는 청산(淸算)으로 들려왔고
나는 생새우 대신 탄핵이라는 양념을
한 줌 더 뿌려주었다

제4부

후사(後事)

요즘 내가 좋아하는 것은
사물이 흐릿하게 윤곽만 보일 뿐인
멍 때리기라고 써본다
쓰면서도 멍 때리기를 한다

희미하게 어긋나버린 것들
어떤 이별은 그 끝이 잘 생각나지 않는다

가물가물한 그 이름
떠오르지 않아 새벽이 오고
끝내 모르겠다

한번 비켜갔는데
왜 보내서 있는지
끝내 모르겠나

춘천 퇴골의 아침

쥐꼬리만 한 햇살이 든
아침 마당이다
한뎃잠을 잔 길손이 하품을 하며
햇살바라기를 하는 마당이요
새끼 고양이 한 마리가 발톱을 세운 채
햇살과 장난하는 아침이다
어제도 겨우 살았는데
오늘은 또 어찌 살 것인가
하는 아침이요
고양이는 몸을 뒤집어 재롱을 떠는데
내가 뒤집을 수 있는 건 아무 것도
없는 아침이다
앞개울에 나가 그림자를 띄워본다
수면에 뜬 채 흘러가지도 못하고
젖지도 않는 어둔 형체가 꿈만 같다
머리가 나오고 다리가 나오고
손이 나오는 꿈

수면에 뜬 그림자에서

아침 냄새가 났다

산채를 비비며

속초 해수사우나에서 일박을 하고 옷장을 열자
내가 바지, 저고리로 나뉘어 구겨져 있었다
내가 옷을 벗어놓은 것인지 옷이 나를 벗어놓은 것인지
옷장 안에도 균열이 있었다

하필 사월 초파일인지라 산사에 오르는데
상념이라는 길동무가 여럿
아직 처리 못한 소득세 신고와 작업실 월세와
시작도 못한 백부의 평전과 얄팍해진 지갑이라는 길동무

어디서 점심공양을 하는지 몰라 경내를 서성이다가
엉거주춤 올려다본 서편 하늘에
무지갯빛 채운이 걸려있었다

신라의 끈 떨어진 연 하나가 금강산 구경이나 하자며
날아가다가 잠시 모습을 드러냈을 거라는 채운
사람이 자기 운명을 모른다는 건 당연하다는 채운

모든 게 부질없다는 채운
왜 자꾸 문자에 의탁해 지비(紙碑)를
세운단 말인가 하는 채운

산채 놋주빌에 지독한 후회를 섞어
비벼대고 있었다

한 밤의 토사물

밤중에 탱탱한 오줌보를 비우러
방을 나서다가 물컹한 것을 밟고 말았다
곧바로 드는 생각

내 밟은 건 차가운 물뱀은 아닐 것이며
거실로 들어온 달빛을 받아
어스름히 빛나는 그건 고양이 샤샤가
실 뭉치를 먹고 토해놓은 토사물이었다는
사실을 인지했다고 해도
그냥 토사물만은 아닐 거라는 것

전등을 켜고 내 밟은 축축한 것을 내려다보았다
막 추락한 내 시체 같았다
머리가 으깨져 골수가 흘러나오고
납작하게 짓이겨진 머리카락에
흥건한 피가 응고되어 있는 마지막 잉여물

토사물을 닦아낼 때 샤샤가
소리 없이 다가와 종아리에
꼬리를 감고 치근댔다

샤샤도 너도 살아있는 동안
무엇인가를 토해놓을 수밖에 없다

무심코

추석에 쓸 전을 시장에서 사왔다
부치는 게 귀찮아서가 아니라
그냥 그렇게 되었다
전 집 앞에 길게 늘어선 아낙들을 보고
우리도 올해는 전을 사볼까,
딸내미가 무심코 물어보았고
나 역시 무심코 고개를 끄덕였을 뿐
딸아이가 전을 주워 담는 동안
무심코라는 말의 안쪽을 뒤적거려보았다
아버지를 여의고 맞는 두 번째 추석이라
더 허전하고 공허한 건 사실이지만
전을 사온 것과는 아무 상관없는 일
며칠 전 누이가 전화를 걸어와 추석 지나고
이혼을 해야겠다고 울먹인 것과도
전립선비대증으로 자주 소변이 마려운 것과도
아무 상관없는 일이었다
다음날 차례를 지내면서

전을 사왔다고 고하지 않았다
삽시를 한 뒤 젓가락을
전 위에 올려놓았을 뿐
누대에 걸쳐 부인 내실에서
장만한 전이 아니라고 선조들이
젓가락을 들지 않으셨는지 모르겠지만
올 들어 부쩍 어떤 관습을
뒤집어보고 싶은 조바심이 났고
조바심의 이름이 무심코였다

방전

나 자신을 끊임없이 관찰하는 게
양심이라면 양심에도 털이 나긴 한다지만
그건 위선이 아니라 인간의 모순일 게다
나라는 배역을 연기하는
나 자신을 바라본다는 것
정신분열증세도 희끗희끗 보인다
돌발성 초조함, 연약함, 광분에 가까운 강박증
매 순간 나는 나에 의해 버려지고
다시 나를 획득한다
그건 잠들기 전 어떤 무의식의 행위 같은 것
조금씩 새어나오는 눈물을 닦기 위한 손수건을
얼굴에 덮고 있다
텅 비어 있고 공허하고 아무것도 채워지지 않은
나조차 나였다
나라는 괴물을 유지하는데 소모되는 것들
배를 깔고 누워 책장을 넘기다가 소스라치게 된다
형광등, 스탠드, 전기장판, 스마트폰 충전기, 난방기

이 많은 기기를 동시에 사용해야 하는
소모의 방식이라니
뱃속 창자처럼
우글거리는 전선들의 비명을
무방비 상태로 듣고 있는
나조차 나였다

천식과 함께 봄

밤새 기침을 하다 눈을 뜬 4월 어느 날
아침부터 아버지 묏자리 얘기를 하다가
핏대를 세우고 만다
선산에 모신다고 모신 게
고향 오촌 형이 조부의 상석을 뒤집어
아버지 상석을 대신해버렸으니
꿈자리가 사납다, 라고
한 마디 한 게 화근이었다
다른 자식은 가만히 있는데 왜
긁어 부스럼이냐는 말로 돌아온 것인데
내 말본세도 잘한 건 없다지만
서둘러 집을 나와 산길로 접어들 때
친구가 사진 몇 장을 전송해왔다
댓글을 쓴다는 게
-땅뙈기 좀 나눠주게 농사나 짓게
말처럼 농사도 쉽진 않겠지만
그런 문자라도 보내고 나니

황사 가득한 봄날의 미몽 속으로
제법 잠기어 가는 맛이 났다
아르께, 나이도 아래인 동네 의사가
시종 반말을 해댈 때부터 알조였다
엇다대고 '야'자냐고 쥐어박지도 못한 봄
황사가 자꾸 폐를 갉아먹는 봄
아내가 발악을 하는 봄
헤어진 애인들이 독기를 품는 봄
산행을 하다 복기한다는 게
고작 이따위라니
천식에게 나를 일임해버린 봄

풀

당진 아미미술관에
입주 작가로 들어가는
아들의 짐을 실어다준 뒤
그늘에 앉아 있자니
견학 온 유치원생들이
버스에서 내린다
풀밭을 뛰어가는 원아(院兒)들의
종아리가 바쁘고 숨은 가쁘다
가까이 가보니 풀들이 눌려져 있었다
소멸이 잠시 미루어진 풀밭
아들이 지낼 누옥에 들어가 보았다
서까래엔 나풀거리는 거미줄
한지 바른 내벽엔 지난여름
죽은 모기 한 마리
아침이면 싸늘한 공기가 자객처럼
생활을 불쑥 쳐들어올 것이다
안쪽에서 생활을 만들어 왔으니

이제 바깥으로 나갈 때도 되었고
바깥이 아무리 크다 한들
안쪽과 다르지 않을 것이다
아들과 헤어져 다시 가보니
풀이 좀 더 부풀어 있었다

세상에서 가장 뜨거웠던 사내

기억을 짜 맞춰본다
내 사는 곳에서 불과 2분
쌍문동 208번지 전태일 집터 표지판 앞에서

1970년 11월 13일 오후 1시 30분
전태일이 청계천 평화시장에서
온 몸에 휘발유를 붓고 화염에 불타고 있을 때
난 초등학교 5학년

그때 어머니는 평화시장에 세를 얻어
월남치마라는 걸 떼다 팔았는데
나는 궁금했으나 묻지 못했다
시장 앞에서 누가 불타 죽었다던데
그게 누구냐고

왜 묻지 않았는가, 라는 질문을 앞에 두고
얼굴이 붉어지는 옛 무허가 판자촌 208번지

표지판을 읽다가 알게 된다

태생이 다르고 성장이 다르고 미워함이 다르고
추구함이 다른 전태일의 분신은 나의 자부심이
되지 못했는데 왜 이제와 자부심이 생기는지
표지판을 읽고 와서 잠이 오지 않았다

미요나를 놓치다

미요나와 소꿉놀이를 한다
주사위와 목제달걀을 방바닥에 굴리며
콧물을 닦아주며 생각한다
미요나는 주사위가 상하이의 마작도구 파는
가게에서 왔다는 것을 모르고
목제달걀은 모스크바의 관광기념품 가게에서
왔다는 것을 모르고 나는 미요나를 모른다
미요나는 도쿄에 사는 내 양녀 같은
지아의 세 살짜리 조카
삼 년 전 지아가 와서 말했다
 -남동생이 여자 친구를 임신시켰지 뭐예요
그때 뱃속에 있던 아이가 미요나였다
주사위를 마구 헝클어놓으며
깊은 심심함으로 한 숨을 내쉬는 미요나
미요나의 내력을 안다고 해도
나는 미요나를 이기지 못한다
가끔 세상을 놓쳐도 그만인 미요나

상하이와 모스크바를 영영 몰라도 되는 미요나
주사위를 미요나 앞에 가지런히 모아놓듯
상하이에서도 모스크바에서도 나는
무엇인가를 종합하고 있었지만
미요나는 종합을 모르고
자꾸 헝클어놓기만 한다
미요나는 한 달도 안 돼
나를 놓칠 것이고
나도 미요나를 놓칠 것이다
종합을 모르는 미요나
나도 나를 놓치고 싶다

시인의 말

시집을 묶기까지 적지 않은 곡절이 있었다. 30년 가까이 재직했던 신문사에서 퇴직한 게 세월호 침몰 직후의 일이다. 그로부터 8개월 뒤 선친(정근 鄭槿 · 1930~2015 · 동요작곡가)이 급작스레 숨을 거두셨다. 장례를 치르자마자 카자흐스탄 알마티에 날아갔다. 아버지보다 2년 앞서 세상을 뜬 둘째 큰아버지(정추 鄭樞–1923~2013–모스크바 차이콥스키음악원 출신의 카자흐스탄 망명 작곡가)의 유품을 정리하기 위해서였다. 알마티에 머무는 동안 둘째 큰아버지의 망명 동지 최국인 선생의 부음에 접했다. 알마티 부른다이 공동묘지에서 열린 그의 장례식을 지켜본 것은 운명적인 의미가 있었다. 그리고 2017년 3월 23일 알마티 큰어머니의 부음이 들려왔다.

세월호가 3년 동안 해저에 가라 앉아 있는 동안 나 역시 어떤 침몰 상태에 있었다. 무방비 상태로 내던져진 초로의 문턱을 좀처럼 수긍할 수 없었다. 하지만 세월호가 인양되었을 때 그 잃어버린 3년을 일종의 소강(小康)이었다고 비로소 수긍할 수 있었다.

서울-평양-알마티로 상징되는 세 개의 국경에 몸을 부

비며 디아스포라의 애환을 내 문학의 한 지향이라고 여겨왔으나 요즘은 그 국경이란 게 지리적 공간뿐만 아니라 죽음과 배면을 이루는 생몰의 국경으로 다가오기도 한다.

2016년 7월 중순, 아흐레 일정으로 중국 만주에 다녀왔다. 만주 여행은 내 무의식 속에 망각되어 있던 어떤 주소를 떠올리며 시작되었다. 주소는 둘째 큰아버지의 유품 속에서 발견되었다.

> 너의 형수는 몸이 나빠서 다른 곳으로 이동했다하며 훈이는 유치반에 다니는데 반장노릇을 하며 제 이름과 로마자 1~10까지 겨우 쓴다고. 아동시를 암송하며 노래는 제법 무엇이고 불러치운다고 한다. 태양이는 아빠 아빠 어디있어 등 말을 배우는 중이며 아주 장난꾸러기가 되었다고 모두 건강들 하다한다. 주소는 松江省 密山縣 11구 黑台大城村 임옥순으로 하면 된다.

편지 끝에 '1952년 6월 22일'이라는 날짜와 '평양국립영화촬영소에서 정준채'라고 적혀 있었다. 정준채(鄭準采 · 1917~1980 · 조선프롤레타리아영화동맹 서기장 출신의 영화감독)는 내 백부이다. 백부는 모스크바에 유학중인 동생에게 편지를 보내 중국 북만주로 피난 간 형수의 주소를 알려주었던 것이다.

백부의 심상이 손에 잡히는 것 같았다. 피난지에서 아내는 몸이 편찮아 요양원으로 이동했지만 어린 두 아들은 엄마 없이도 글을 배우고 노래를 부르며 장난꾸러기로 자라고 있다며 백부는 전쟁 중임에도 가까스로 신명을 내어보고 있었다. 그때는 평양국립영화촬영소가 미 공군의 공습으로 파괴되어서 백부가 중국 장춘영화촬영소와 둥베이(東北)을 오가며 전쟁시보 필름을 현상하고 있던 시기다.

아동시를 암송하는 훈이와 말을 배우는 태양이는 나보다 열댓 살 손위이지만 내겐 여전히 나이를 먹지 않는 어린 아이로 멈춰져 있는 것 같았다. 7월 11일 달랑 주소 하나만 들고 옌지(延吉)로 떠났다. 하지만 엄두가 나지 않았다. 마침 옌볜대 초빙교수로 있던 민예총 정책실장 출신 정희섭 형의 도움으로 7월 16일 대성촌에 당도할 수 있었다. 그곳에서 백모 임옥순(전남 보성 태생의 동덕여고보 출신)을 기억하는 조선족 윤진옥(84) 할머니를 만난 건 기적에 가까웠다.

윤 할머니가 1952년 백모의 임시거처였던 옛 이엉집터를 손으로 가리켰을 때 나는 갑자기 의식이 환해졌다. 거기엔 이엉집도 없어지고 뙤약볕 아래 푸른 옥수수만이 가득했지만 그 푸른색이 영원처럼 느껴졌다. 아버지의 혼령도 그곳에 함께 있는 것 같았다. 나는 염을 하듯 옥수수 푸른 잎을 가만히 만져주었다

부고가 생활이 되어버린 느낌이다. 생몰 연대의 괄호 안에 몸의 연대를 기입하는 게 일과처럼 되어버렸다. 괄호와 괄호 사이를 넘나들며 지난한 과거사를 복원하는 일이 내

겐 고통이자 보람이기도 하다. 열아홉 살의 비망록이라고 할까. 고교를 졸업하던 1978년 습작노트엔 이렇게 적혀 있다. “피가 흐르지 않는 혈관에서 나는 산다. 그러나 나는 피를 먹고 산다. 그런 나의 인생은 너무 늦었다.” 무슨 예지가 있었던 건 아니지만 이 구절이 지금의 내 심정과 다르지 않다. 좀 더 어린 시절의 기억도 있다.

생각해보면 누가 내 얼굴을 핥고 있다. 광주 무등산 아래 서석동의 한 누옥. 포대기 같은 걸 깔고 툇마루에 누워 졸린 듯 하품을 하는 내 얼굴을 핥은 건 얼룩무늬 사냥개 포인터다. 녀석도 나도 두세 살 안짝. 아니, 그것은 나와 한 날 한 시에 함께 태어난 또 다른 존재였는지도 모른다.

텃밭에는 오이넌출과 상추, 호박이 주렁주렁 열리곤 했다. 갓 서른 초입이었을 아버지는 양계도 하고 토끼도 키우는가 하면 선인장에 일가견이 있어 비닐하우스를 만들어놓고 접붙이기를 통해 품종 개량을 하기도 했다. 가끔 친구 분이 놀러오면 아버지는 커피와 함께 깡통 밀크를 따 내놓으며 나에게도 한 스푼을 떠먹였다. 그 부드럽고 달콤한 맛이 아직도 혀끝에 남아 있다. 아버지가 좋아하던 것은 또 있었다. 창고에는 대패와 수은 한 방울이 흰 눈동자처럼 움직이던 수평이며, 크기와 날이 각기 다른 여러 종류의 톱과 끌, 그리고 나무를 고정시키는 죔쇠까지 웬만한 목공소 하나쯤은 너끈히 차릴 만큼의 공구가 가지런히 매달려 있었다.

아버지는 다섯 칸짜리 대나무 낚싯대도 직접 만들었다.

굵은 대나무 속을 파내고 작은 대나무를 끼워 넣은 뒤 각각의 양 끝에 페인트로 무늬를 그려 넣은 정교한 낚싯대다. 아버지는 의자며 선반이며 화분대며 뭐든 뚝딱 만들어내는 마술사의 손을 가졌더랬다. 집안에 널려 있는 이런 저런 소도구와 닭이며 토끼며 선인장들은 아버지의 꿈을 보여주었다. 요즘 문득 돌아가신 아버지와 더 많은 대화를 하고 있는 나를 발견하게 된다. 아버지와 아들. 이것처럼 멀고 가까운 관계는 없을 것이다. 살아생전 서로 부둥켜안은 적도, 흐느껴 울어본 적도 없다. 이제 곡(哭)을 사이에 두고 겨우 말을 붙여볼 뿐, 내 삶의 한 부분이 통째로 아버지의 죽음에서 끝났다는 것을 뒤늦게 느끼고 있다.

두어 살 때, 집에서 키우던 포인터가 얼굴을 핥아주던 느낌은 사실인지 아닌지 알 수 없다. 그것은 느낌의 혀였으며 그 혀와 툇마루와 졸음과 텃밭의 푸성귀는 지금도 내 안에서 살고 있다. 어느 날 내가 불쑥 시인이 되었을 때, 아버지는 나보다 기뻐하셨음에 틀림없다.

시의 피. 어쩌면 내 첫 기억이라고 할 어떤 혀가 시의 피를 묻혀 나를 핥았을지도 모른다. 나는 그 혀가 월트 휘트먼(Walt Whitman)이 「나 자신의 노래(Song of Myself)」에서 "네 혀로부터 밈춘 것들을 풀어내어라"고 노래한 '혀'라고 생각한다. 하지만 아버지의 동시가 많은 아이들에 의해 불리고 있는 것과 달리 나의 시는 노래가 되지 못한다. 노래가 되지 못하고, 불리지 않는 시를 써야한다는 게 내겐 어느 정도 가혹한 일이다. 하지만 그 혹독함이 내 문학을 움직이는 아름다운 동력임을 알고 있다.

둘째 큰아버지가 알마티에서 작곡한 가곡 가운데 「흘러가라 노래여」가 있다. 망명지에서 고국을 그리워하며 남한의 동생이든 북한의 형님이든 아니면 고향산천이든 노래가 흘러가 닿기를 염원했던 것이다. 나는 「흘러가라 노래여」가 "저 멀리 하늘에 구름이 온다"고 시작하는 아버지의 동시 「구름」과 맞닿아 있다고 생각한다. 내가 쓴 시도 남북 어디든 이별이 있고 그리움이 사무친 곳으로 흘러가길…. 흘러가라 노래여, 흘러가라 시여!

2017년 4월

정철훈 씀